和光3分大学

～ 学ぶおもしろさが見つかる50のお話 ～

和光3分大学制作委員会 編

理工図書

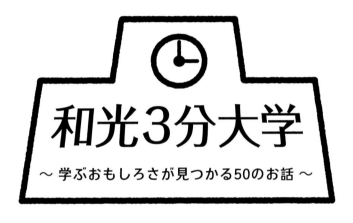

はじめに

１９６６年（昭和41年）に東京都町田市に誕生した和光大学は、
３学部（現代人間学部、表現学部、経済経営学部）
１研究科（社会文化総合研究科）からなる私立大学です。
モットーは「大学は自由な研究と学習の共同体」。
今では当たり前となりつつある「少人数教育」「総合性と専門性の両立」「教養教育の充実」
といった手法を、いち早く大学教育の中に取り入れたことでも知られています。

本書「和光３分大学」は、和光大学から発信した
小田急線電車内のポスターを一冊にまとめたものです。
このポスターには、大学紹介や学生募集のためだけではなく、
「より多くの人に学問のおもしろさに触れてもらいたい」という願いが込められています。
それゆえ教員一人ひとりのユニークな研究内容に加えて、
その研究と社会との関わりについて「通勤通学の合間」でもお楽しみいただけるよう
コンパクトにまとめ、好評をいただいております。

本書の元となる車内ポスター「和光３分大学」は、
２００８年（平成20年）からはじまり、これまでに93のテーマを取り上げてきました。
過去のポスターは全て本学ホームページにアーカイブされていますが、
そこにアクセスする以外は目にすることができません。
そこで今回、長年積み上げてきた和光大学の「財産」を
より多くの方にご覧いただきたいと考え、本書を発刊する運びとなりました。

大学の使命は「教育」「研究」「社会貢献」であり、その舵取りは大学教員が担っています。
本書を通して、和光大学教員一人ひとりの研究内容とその人柄に触れ、
学ぶことのおもしろさを再発見・再認識していただけたら、それに勝る喜びはありません。

和光大学 入試広報課

もくじ contents

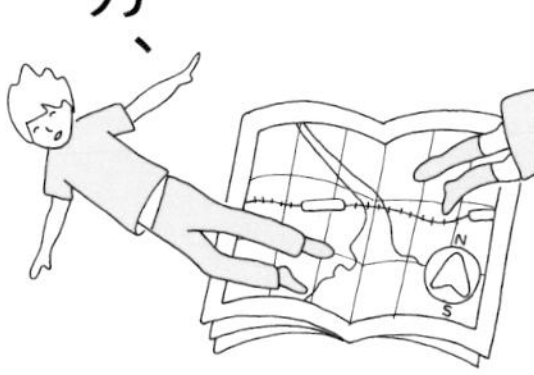

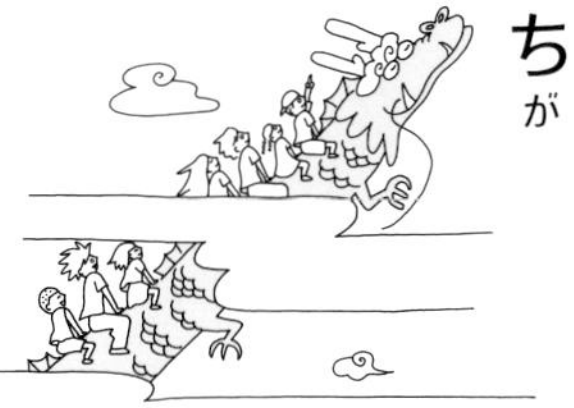

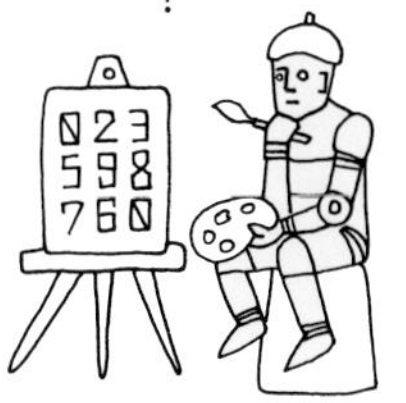

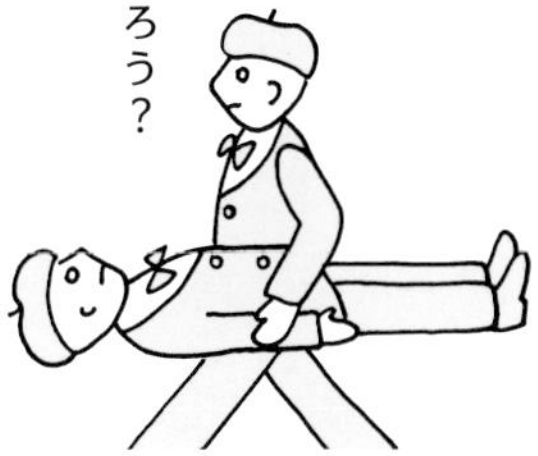

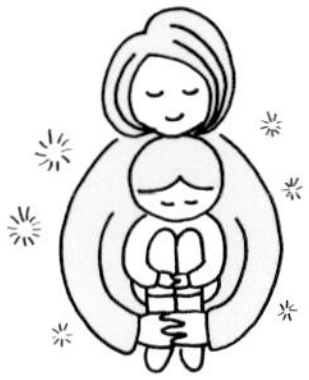

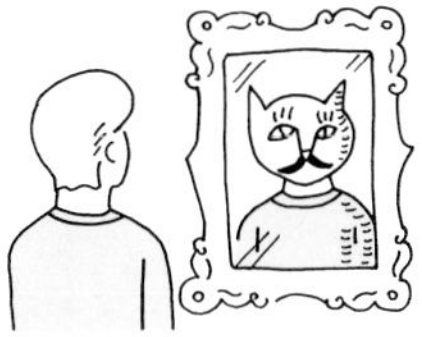

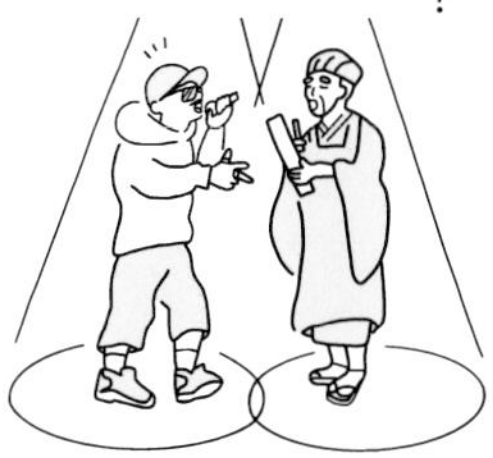

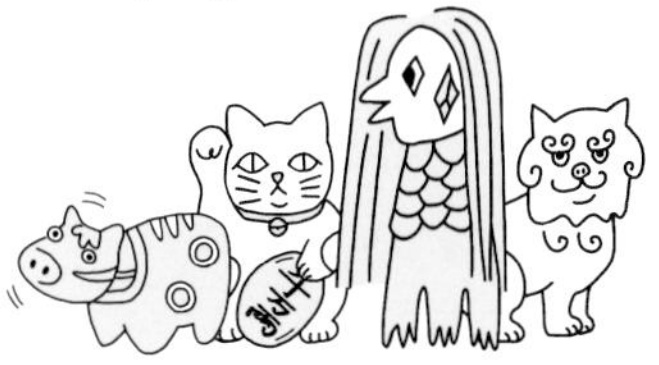

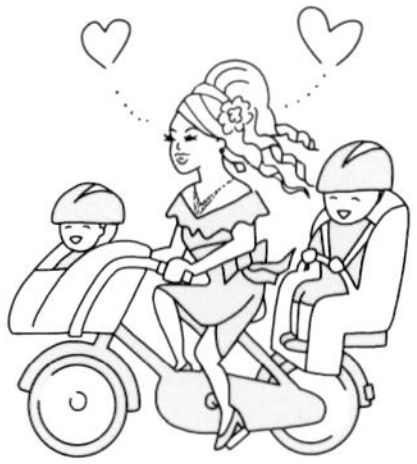

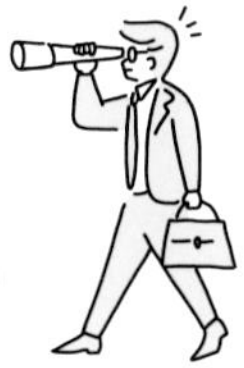

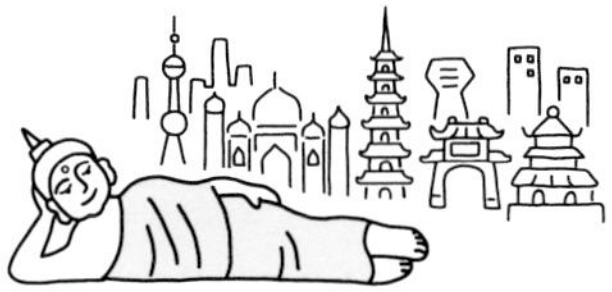

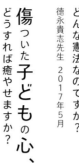

地図に
のっていない世界が
ことばの中にあった。

詩は未知の世界を見せてくれる。
遠藤先生はそういいます。

そもそも詩とはどんな表現だと思いますか？
リズムこそ詩の本質という人もいれば、
ことばを壊して再構築する芸術という人もいます。
流行のラブソングだって詩でしょ？
と思う人もいるでしょう。
さて、これらの考えはどれも
間違いではありません。
私自身は、詩とは世界と人の間に
新しい結びつきをつくる表現と考えています。
たとえば西脇順三郎さんの「天気」という
詩にこんな一節があります。
※「（覆《くつがへ》された宝石）のやうな朝」。
〝朝〟に〝覆《くつがへ》された宝石〟ということばが
組み合わさったことで、
今まで知らなかった朝が見えてきませんか？
そんなふうにことばで未知の世界を探っていく。
そこに詩のおもしろさがあります。
ぜひ詩のことばに触れてみてください。
あなたの世界もちょっと違って
見えるかもしれません。

総合文化学科
准教授 遠藤朋之

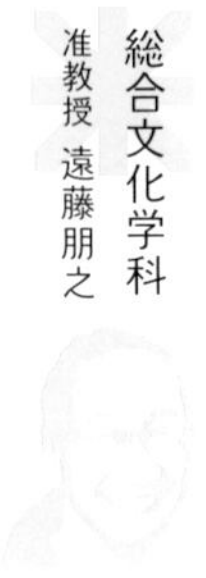

和光3分大学

※出典：『西脇順三郎詩集』那珂太郎編（岩波書店）

2012年5月掲出

上司が替わるのを
待つより、
自分が変わる方が、
早い。

マネジメントの考え方、
社員の私にも活かせますか？
福田先生、教えてください。

マネジメントを日本語にすると「経営管理」。
管理と聞くと、堅苦しい、
うっとうしいと思うかもしれません。
でもほんとうは逆で、
会社などの組織のメンバーが
気持ちよくのびのびと働けるルールや環境を考え、
実践していくことがマネジメントの神髄。
つまり、人の心を見つめる学問なのです。
マネジメントの考え方はあなた自身にも応用できます。
自分はどんな人生を送りたいか。
その理想の実現のためには何が必要か。
目標を立てて、計画的に実行する。
うまく行かなくてもあきらめたり、放り出したりせず、
その原因を見つめ別の方法を考えてみる。
うまく行けば気持ちも乗ってくる。それを続ければ、
きっと仕事の結果も変わるはずです。

経営学科
教授 福田好裕

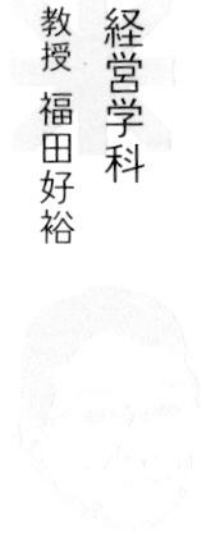

和光3分大学

2012年7月掲出

テニスの聖地ウィンブルドン。「環境」の聖地でもあります。

ぼくらは「環境」と
どう向き合えばいいのだろう？
岩本先生、教えてください。

私の授業「英国の環境保護」で訪れるウィンブルドン入会地。

社会が激しく変動していた19世紀なかば過ぎ、風光明媚なこの土地に開発問題が持ち上がったことがあります。

入会地をその危機から救ったのは他でもない、産業革命を推進してきた有産階級の人たちでした。

彼らを突き動かしたのは当時の公害や緑の破壊への憂い、そして、美しい田園風景や伝統的な建築といった〝イギリスらしさ〟を未来に伝えたいという思いです。

議会が動き、ついにこの土地の開発は中止されました。

100年先の国のあり方、暮らしのあり方を見すえた彼らの考え方やふるまい。そのバトンを受け継いで、自然を守り続ける現在の人々。

その姿勢は、私たちに環境との向き合い方を教えてくれている気がします。

心理教育学科
准教授 岩本陽児

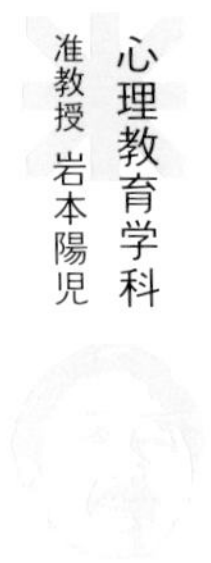

※現在、人間科学科 教授

和光3分大学

2013年1月掲出

おっかないおじさん、よく吠《ほ》える犬、雨宿りした店先。ぜんぶで、母校だと思う。

もしかしたら
学校のあり方が
変わるかもしれない。
山本先生、教えてください。

子どもの成長期にとって欠かせないことがあります。
それは自分の居場所を獲得することです。
「ここにいれば大丈夫、認められている」
と思える空間は、こころの原風景となって、
子どもの成長をずっと支えてくれるからです。
そのような空間は、互いの顔がわかるような単位の
地域コミュニティによってつくられてきました。
その中心にはいつも学校があります。
現在、学校統廃合、小中一貫校の創設など
さまざまな議論が進んでいます。
行政コストの削減や学校経営の効率化も大きな課題です。
しかし、〝地域の中心〟という学校の役割は
とても大切です。子どもの成長への影響にも
きちんと目を配る教育改革でなくてはと、
私は考えています。

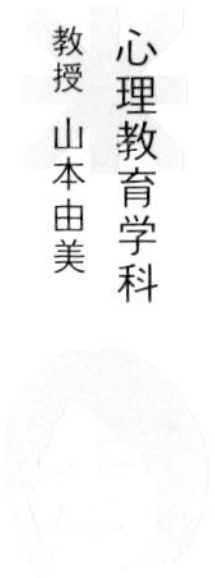

心理教育学科
教授　山本由美

和光3分大学

2013年7月掲出

私はいわゆるアラフォーですが、アンケートのときくらい20代になりたいのです。

こんな調査結果を使っているマーケティングって役立つの？丸山先生、教えてください。

たとえば40代女性にアンケートを
行ったとします。すると年齢を20代と
サバを読む人がけっこう出ます(笑)。
調査結果からわかるのは、
人はかわいいウソを
つくものだということ。
そして、そのまま鵜呑みに
してはいけないということです。
しかしこの人たちのような
人間の心理や世の中の空気は、
人の購買行動の決定に深く影響しています。
そこで役に立つのが、マーケティング論という
ビジネスの学問です。
なぜこのような調査結果になるのかを理論や
過去のモデルを援用し、目には見えない
人の本音や悩みを発見します。
調査結果はいつもミステリー小説のよう。
その謎を読み解くところに、マーケティング論
という学問の価値とおもしろみがあるんです。

経営学科
准教授 丸山一彦

※現在、経営学科 教授

和光3分大学

2013年8月掲出

お茶が飲みたいわけではないのについつい、カフェに寄ってしまう私。

私たちはどうして「そこ」を求めるんだろう。長尾先生、教えてください。

そこに一歩足を踏み入れると気分がガラッと変わる。
日常にひそむ非日常のような場所といったら良いでしょうか。
カフェでも、街でも、あるいは遊園地でも、
場所というものは、そこにしかない性格や特徴をもっています。
それは、集まる人々が発する色彩、そこで交わされることば、
さらには時代背景や政府の政策などにより、
化学反応のようなものが起こって、できあがっていくもの。
複合的な視点で、お店や街、国や地域を見つめ直すと
その場所が形づくられた理由が浮かび上がってきます。
それを知ることは、一つの物語を読むようにおもしろい。
当たり前の世界も
ちょっと変わって見えてくるはずです。

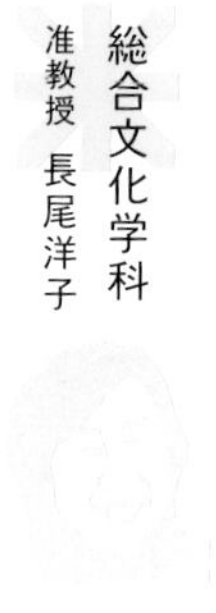

総合文化学科
准教授　長尾洋子
※現在、総合文化学科 教授

和光3分大学

2013年9月掲出

円で生きている人もいる。縁で生きている人もいる。

少数民族の暮らしから、何を学べるのだろう？小林先生、教えてください。

私は長年、〃法と慣習〃という観点から、アジアの少数民族について研究をしてきました。たとえば、中国西南地方にくらすモソ人たちの社会。そこは母系社会で、土地や牛馬といった資産はすべて女性が受け継ぎ、大家族の生活を切り盛りしています。「通い婚」の慣習が続いているのも、珍しいところです。
多くの観光客が訪れるようになり、近代的な文化も流入してきました。しかし彼らは古くからの慣習を守り、家族や村の人々との縁を大切に生きることを選択しています。日本が直面しているような核家族化、介護問題などとは無縁です。
このような少数民族の暮らしは、私たちの価値観を揺さぶります。そして〃人間の幸せとは？〃という問いを突きつけてくるのです。

身体環境共生学科
教授 小林正典

※現在、経営学科 教授

和光3分大学

2014年1月掲出

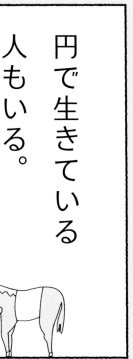

デザインは、爆発してはいけません。

アートとデザインの境界線は、どこにあるのですか？倉方先生、教えてください。

「芸術は爆発だ！」
あの岡本太郎氏の有名な言葉です。
このひと言は、アートの本質を見事に突いています。
しかし、デザインの場合は爆発してはいけません。
デザインは、見た目の色やカタチがすべてではなく、
自己表現でもありません。
その本質は、世の中の問題を解決することにあるのです。
私が製品化に関わったプロダクトでいえば、
※ポーラーアイスという製氷器があります。
これは流氷に乗った白クマや
ペンギンの形をした氷がつくれるもの。
グラスの中でゆっくりと溶けていくようすは、
地球温暖化を警告しているのです。
すぐれたデザインは、美しさや使い勝手に加えて、
人や社会、環境へのメッセージを含んでいます。
そういうものが増えていくと、ライフスタイルも
暮らしも世の中も美しくなるはず。
だから、多くの人に広く
デザインという視点を持ってほしいのです。

芸術学科
教授　倉方雅行

和光3分大学

※倉方先生のモノづくりについて知りたい方はコチラ
http://www.monos.co.jp/

2014年5月掲出

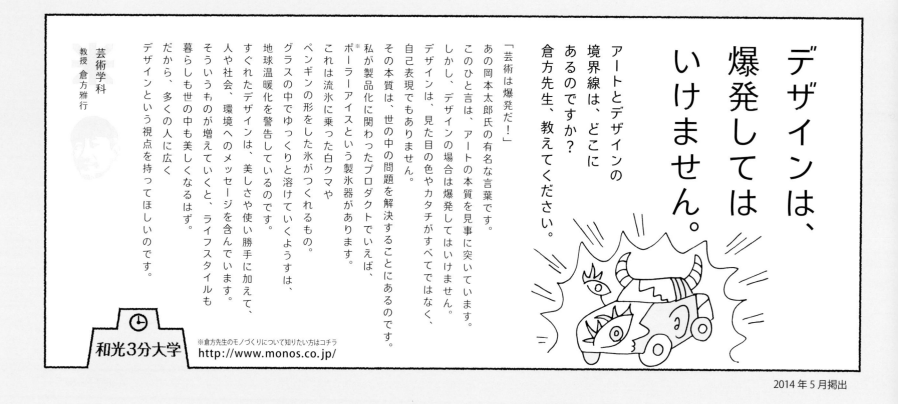

自分の名前。利き手じゃない手で書いてみてください。

発達障がいって
なんだろう。
常田先生、教えてください。

もしも、あなたが右利きなら、
左手で文字を書いてみる。
一度くらいはやったことがありますよね。
書き方はわかっているのに、
きれいにスラスラと書けないもどかしさ。
発達障がいは、その感じにとてもよく似ているんです。
やろうと思っても、どうにもうまくできない。
言われた通りにしているつもりでも、人にはそう見えず、
グズグズするな！と怒られたりすると、固まってしまう。
そして、できない自分を責めるようになる。
そんな悪循環に陥ってしまう人が少なくないのです。
昨今、発達障がいが注目されるようになったのは、
社会の効率化が進んだことと
無関係ではないかもしれません。それはある意味、
この社会の生きづらさを表すサインとも言えるでしょう。
発達障がいを理解することは、
私たち自身の個性を認め合うことです。
多様性のある社会は、その先に
生まれてくるのではないでしょうか。

心理教育学科
教授 常田秀子

和光3分大学

2014年7月掲出

スーパーまでの100m。おばあちゃんにはマラソンだ。

スポーツ科学が日常生活で役立つことって？矢田先生、教えてください。

80歳の高齢者になれば、たった100mを歩くのだってつらい。大げさにいえば、マラソンのような過酷さを感じているのかもしれません。外に出るのがおっくうになれば、からだはますます動かなくなります。そんな人が増えることは、介護や医療にも直結する社会的な問題です。そこで私は数年前、高齢者向け体操教室を大学内で学生とともに始めました。教室の目的は、スポーツ科学の知見に基づく運動指導を行うことにより、体力の低下を食い止めるとともに、認知症の予防を図ること。参加者の方々は「買い物に行くのがラクになった」「杖がいらなくなった」と運動の効果を実感するだけでなく、地域の人々や学生とふれあうことが生活の楽しみになっているようです。学生にとっても技術とコミュニケーション力を磨く良い機会になっています。大学の学問と地域の生活を結びつける。そんな活動が増えれば、社会もちょっと変わるかもしれません。

身体環境共生学科
教授　矢田秀昭

※現在、人間科学科 教授

和光3分大学

2014年11月掲出

15歳のお母さんに世界の見方を教わった。

公平な世界は、実現するの？
加藤先生、教えてください。

絶対的な不平等とは、どんなものなのか。
その現実を肌身で感じるために、
私は開発経済学を学ぶ学生たちと毎年
発展途上国でフィールドワークを行っています。
ある時、私たちは現地で、2人の赤ちゃんの母である
15歳のストリートチルドレンに出会いました。
家もなく、教育も受けられず、未来も見えない。
彼女たちの人生を野球にたとえるなら、
バットを持たずに打席に立たされるようなもの。
勝てる人しか勝てない現実で生きているわけです。
学生は、そんな絶対的な不平等を目の当たりにし、
ただ打ちのめされていました。
でも、このような経験をした学生は、
世界へのまなざしを変え、自らの行動を変えていきます。
それは公平な世界を実現するための
第一歩になるはず。
経験こそが、良き社会の道しるべとなります。

経済学科
教授　加藤 巌

和光3分大学

2015年3月掲出

人生には、わけのわからないものが必要なんだ。

僕らはなぜ、アートを必要とするのだろう。半田先生、教えてください。

なぜだかわからないけれど、その作品に見入ってしまう。写真集のある1ページだけ、何度も何度も開いてしまう。言葉では説明できない、わけがわからないものに心惹かれる体験。現代アートの本質的な価値はそこにあるように思います。大切なのは、作品が発するメッセージからあなたが何かを感じること。「なにこれ?」「わけわかんない」「でも、なんか好き」というような体験をすることは、どうしても功利的な価値観にしばられがちな日々の生活ではなかなかありません。そしてその体験は、ささやかかもしれませんが、あなたのものの見方やそれからの日々に影響を与えるでしょう。つまり、アートは、過去の経験を刷新し、未来の可能性を広げるきっかけになる。だから、人はアートを必要とするのかもしれません。

芸術学科
教授　半田滋男

和光3分大学

2015年5月掲出

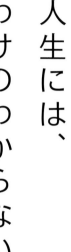

昨日も、今日も、声にならない声で叫んでいた。

自殺を考える人を
どうやって助けるか。
末木先生、教えてください。

辛くて、苦しくて、耐えられない。

仕事の悩みや重い病、貧困などを理由に自ら命を絶とうと考える人たちは、家族にも友達にも相談できず、今日もどこかで声にならない声をあげているはずです。

どうすれば、彼らの声をすくい上げ、命を助けることができるか。

自殺とメディアの関係を研究している私は、NPO法人OVAとともに「夜回り2・0」という自殺の危険性がある人への支援活動に携わっています。

このプロジェクトは、インターネットの検索連動広告を活用し、たとえば「死にたい」と検索した人に相談サイトを案内し、悩みを聞いた上で現実世界で医師や行政などの援助者の助けを受けられるようにするものです。このような実践的な活動を通じ、より効果的な自殺予防策を模索しています。自殺は遠くの出来事ではありません。まずは、あなたも考えてみてください。

一人ひとりが知ろうとすることも、予防対策の出発点になるはずですから。

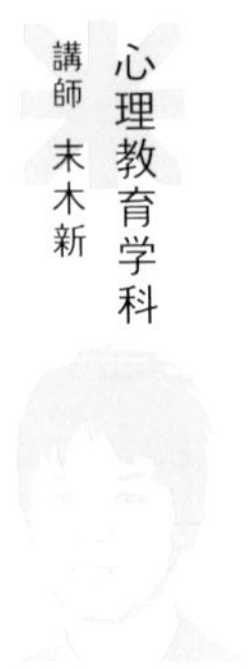

心理教育学科
講師 末木新
※現在、心理教育学科 教授

和光3分大学

2015年7月掲出

ボクには、パパとママと、水曜日のパパがいます。

世界にはどんな家族のかたちがあるのだろう？
馬場先生、教えてください。

パプアニューギニアの子どもには、パパと呼べる複数の大人がいます。ここは実の父親だけでなく、特定の男性親族がパパになれる社会なのです。たとえば、水曜日にふらっと遊びにきた子どもをそのまま泊めてあげるのはよくあること。複数のパパが共同で学費を援助したりもします。

またスウェーデンでは、母親の再婚相手を〝ボーナスパパ〟と呼び、別れた実の父親もボーナスパパも積極的に子育てに参加しています。子どもの成長を見守ってくれる人がたくさんいるという意味では、どちらの社会も同じです。

文化が変われば、家族のあり方も変わる。これが正解というものはありませんし、人間が幸せに生きていくために、家族のかたちは人それぞれであっていいでしょう。世界の多様性は、私たちにそのことを教えてくれています。

現代社会学科
准教授　馬場　淳
※現在、総合文化学科 教授

和光3分大学

2015年9月掲出

今日つくったお話も数百年残れば、伝説になる。

地域に根ざす伝統をどうつくっていくか？伊藤先生、教えてください。

私は長年、地方自治体などの依頼でパブリックアートの制作を手がけてきました。そのつながりからアートやエンターテインメントによる町おこし企画に携わるようになり、現在では学生たちも巻き込んで、さまざまなプロジェクトに取り組んでいます。町おこしを考える上で大切にしているのは、地域の中から素材を見つけ、エンターテインメントに昇華させることです。たとえば、千葉県市原市にある山あいの地域の場合、ここに存在する人工湖を題材に〝ひかりおろち〟という守り神の伝説を新たに書き下ろし、夜祭りを立ち上げました。伝説を新たにつくるなんて、と思うかもしれません。しかし、昔の人も桃太郎が21世紀の今も語り継がれているとは思ってもみないでしょう。新しい伝説でも地域で受け継がれ、数百年も経てば、本物になるはずです。地域の人々が祭りや語りを通して、記憶を未来に受け継いでいく。そのとき、エンターテインメントは大きな力になると思います。

経済学科
教授　伊藤隆治

和光3分大学

2015年10月掲出

DJのように、本を掘ってみませんか。

これから、ぼくらは、どう学んでいけばいいのか？上野先生、教えてください。

「掘る」という言葉を知っていますか。

これはDJの世界の言葉で、レコードやCD、ネットなどから自分の志向に合った音源を探すこと。

あるジャンルを深掘りしたり、あてどもなく探したり。

いい鉱脈を掘り当てることもあれば、まったく不毛な結果になることもある。

それでも「掘る」ことによってその人の音楽性には奥行きが生まれますし、なによりおもしろい。

これは、学びにも通じる姿勢です。

私はDJのように本を掘り、読み、学ぶことを、TJ（テキスト・ジョッキー）と呼んでいます。

おもしろい本に出会ったら。その作家の別の作品を開いたり、彼が影響を受けた人を調べたり、あるいは全く逆の考えの作品に触れてみるのもいい。

これは知識を身につけるだけでなく、自分自身の可能性を掘ることにもなります。

わかりやすいものに触れるだけでは、発見はありません。あなたも「掘る」ことをぜひ楽しんでみてください。

総合文化学科
教授　上野俊哉
※現在、人間科学科 教授

和光3分大学

2015年11月掲出

ロボットは、きっと、ピカソになれない。

これからの時代、ビジネスで求められる能力とは？平井先生、教えてください。

日本で働いている人の49％の仕事は、人工知能やロボットに代替される可能性がある。野村総合研究所とオックスフォード大学のマイケル・オズボーン教授らの共同研究によりそんな衝撃的な予測が発表されました。もしかすると、いま学生のみなさんが就職したとしても、いずれその仕事は人工知能によって自動化されてしまうかもしれません。しかし、その一方で残り51％の仕事は人工知能には不向きな仕事とも言えます。とくに、ひらめきやアイデア、創造力、芸術などに関わる分野は人間が得意とするところ。私が担当する「産学連携実践論」では、企業や自治体と協働し、新しいビジネスにチャレンジします。実際のビジネスの現場で、自分の頭と体を働かせて課題解決に取り組む経験を積むことにより、ビジネスにおける豊かな創造力を鍛えることが狙いです。時代の変化を見すえ、ずっと社会の中で生きていく能力を育てる。和光が力を入れている取り組みです。

経営学科
講師 平井宏典
※現在、経営学科 教授

和光3分大学

2016年3月掲出

つくったものも、つくったあなたも、アートです。

芸術を学ぶとは、どういうことなのか？佐藤先生、教えてください。

私が現代美術を学んだのはロンドンの大学です。制作に関しては自由そのものでしたが、その大学では、経済や社会のしくみ、美学や哲学を学ぶことを義務づけていました。これは、芸術家とは、自分の名前で社会に立ち、ときにはタブーを恐れずに、自分の考えや作品を世に問う人間たちだと位置づけられているからです。私はその考えにすごく影響を受けましたし、またそれは芸術を学ぶ価値を表していると思います。和光大学は総合大学です。さまざまな考え方を吸収したり、社会のしくみを学びながら、芸術を学ぶことができます。ただし、芸術の世界は厳しいですから、誰もがプロになれるとは言いません。しかし、芸術家とは職業というよりも生き方です。自分自身が作品と言ってもいい。和光で学んだ4年間を通じ、芸術的な視野を持った、自立した人間に育ってもらえたら、これほどうれしいことはありません。

芸術学科
准教授 佐藤勲

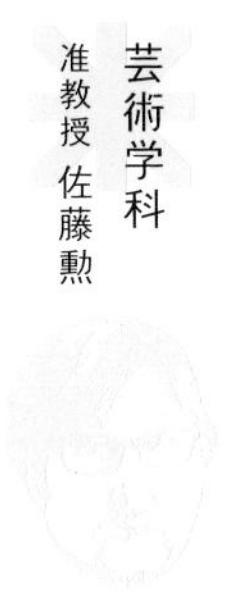

和光3分大学

2016年5月掲出

ずっと好きな人がポイ捨てしていた。百年の恋も冷めた。

私たちは環境とどう向き合っていけばいいか？
清水先生、教えてください。

廃棄物問題を考えるために、こんな実験を行っています。まず、空のペットボトルを教室内でポイ捨てしてもらう。指名された人は散乱したペットボトルを拾い、捨てた人はその光景をじっと見つめていなくてはなりません。実験後、参加者に話を聞くと、捨てた人はゴミ箱以外に捨てたことに罪悪感をおぼえ、拾わされた人は理不尽さを感じます。このことからわかるのは、ゴミの不法投棄を抑止しているのも、不法投棄されたゴミの回収を進めているのも、社会的規範や人の倫理観、ボランティア精神にあるという現状です。しかし、それだけで本当に良いのか。よりよい制度設計はできないか。誰がどれくらいコストを負担するべきか。そのように環境保全のあり方について経済学の視点から考える。それが環境経済学です。地球温暖化、大気汚染、水の問題などテーマは無数。人が環境とどう向き合っていくかを考える学問と言ってもいいかもしれません。

経済学科
准教授 清水雅貴
※現在、経済学科 教授

和光3分大学

2016年7月掲出

エースは、身長150センチのアタッカー。

スポーツにはどんな価値があるのだろう？制野先生、教えてください。

バレーボールのルールをゼロからつくる。「スポーツ文化」という共通教養科目でそんな試みを行っています。まずチームごとに、ネットの高さ、コートの広さ、1チームの人数などを自由に定めます。背の低い人に合わせてネットを斜めに張っても良いし、ボールに5回触っても良い。好きなようにルールを決めます。ゲームとなったら、さらにチームどうしで話し合い、納得のいくルールを決めて対戦するのです。

この試みの狙いは2つあります。1つはルールづくりを通じて、バレーボールの歴史を追体験してもらうこと。もう1つは、誰も排除することなく楽しめるルールを再創造してもらうことです。スポーツはそもそも、自分たちが楽しみ、幸せになるためのものでした。もちろん競い合うことの醍醐味は否定しません。しかし、それが全てではない。学生たちには授業を通じて、スポーツの文化的価値やより良い姿を考えてもらえたらと思っています。

身体環境共生学科
准教授　制野俊弘
※現在、人間科学科 教授

和光3分大学

2016年9月掲出

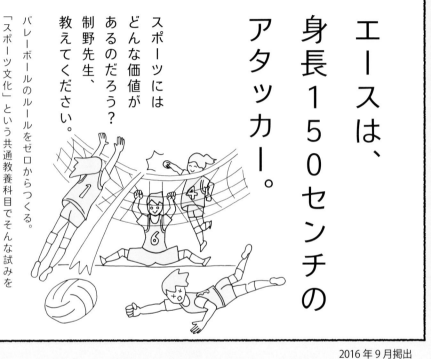

北海道は、なまら好き。沖縄は、でーじ好き。

ことばのちがいや変化から何が見えてくる？中力先生、教えてください。

※「なまら」「でーじ」、吹き出しの中のことばはすべて「すごく」の意

日本では江戸時代まで地域ごとに多様なことばが息づいていました。このようなことばをまとめ、いわゆる標準語への統一が図られたのは明治以降です。国民をまとめ、近代化を推し進めるために国語を教育するだけでなく、各地域では方言撲滅運動も展開されました。たとえば沖縄では「方言札」というものがあり、学校で子ども同士が互いを監視し、方言を使った子は罰札を首から下げさせられました。このように標準語へ統一すること、さらには国旗や国歌といったシンボルを通じ、人々の間に「日本」「日本人」という共通の意識、イメージがつくられていったのです。

今では、ＴＶドラマで方言がよく使われるようになり、またそれを自分でも口にすることがありますよね。方言に親しみを感じる人が増えた日本社会の変化は興味深い現象です。ことばといった身近なものから社会を見つめ直すこと、多様性を認める社会を考えることもできますね。

現代社会学科
准教授　中力えり
※現在、人間科学科 教授

和光3分大学

2016年11月掲出

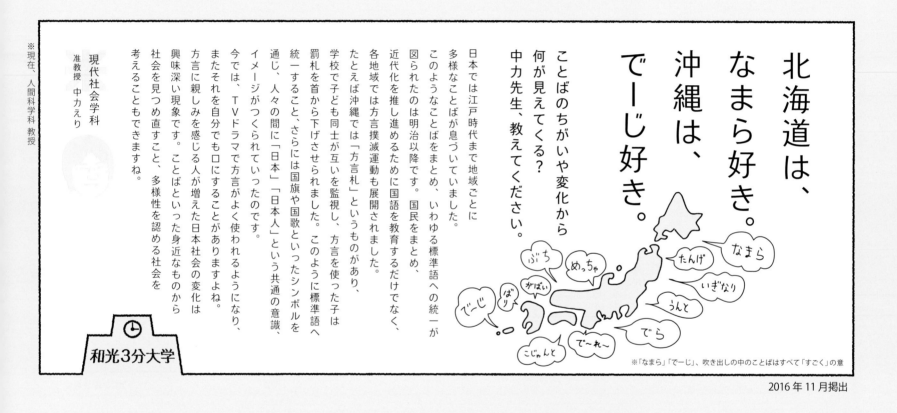

広告に踊らされるもんか！という人にこそ読んでほしい。

人は、どんなときに、購買行動を起こすのか。大野先生、教えてください。

私たちと商品の間には、企業のマーケティング活動があります。CMだったり、店頭POPだったり、そのあり方はさまざまです。その環境の中、私たちは日々、モノを買ったり、買わなかったりしています。消費者行動論とは、そんな人間の購買行動に目を向ける学問です。私の場合、とくに人間の感情にフォーカスして研究しています。たとえば「罪悪感」や「恥」という感情。それが購買行動に影響を及ぼすことがあるんです。何かの商品を買うと1％が寄付になるというキャンペーンなどは、その一例です。社会貢献や寄付はいいことなのになかなかできず、私たちはうしろめたさを感じている。その感情をうまく突いた事例と言えるでしょう。なぜ、これが欲しいと思うのか。その気持ちを追いかけてみると、企業のマーケティングの意図も見えてきます。モノを買う、売るという行為がまた違って考えられるようになるはずです。

経営学科
講師　大野幸子

※現在、経営学科 准教授

和光3分大学

2017年3月掲出

インド1位
ドイツ57位
アメリカ166位
日本186位

日本国憲法は、どんな憲法なのですか？
徳永先生、教えてください。

このランキングは、アメリカの比較憲法プロジェクトが世界190か国の憲法を英訳し、単語数の多い順に並べたものです。下位となった日本国憲法の単語数が少ないのは細かくルールが書きこまれていないため。これまで日本国憲法が時代の要請に合わせて、臨機応変に解釈されてきた理由の一つもそこにあります。そんな日本国憲法が施行されて今年で70年。現在の社会には70年前と大きく異なるものの見方が生まれています。たとえば、「同性婚」や「ヘイトスピーチ」など、憲法に問いかけるような課題が表面化してきました。これらの新たな課題に、憲法を改正して対応する方法もありますが、〝解釈〟、つまり憲法の意味について私たちみなで議論し、新しい法律を定めるなどして対応することも可能です。日本国憲法をこれからどう活かしていくか。それは私たち自身にかかっていると言えます。

経済学科
准教授 徳永貴志

和光3分大学

※現在、経済学科 教授

2017年5月掲出

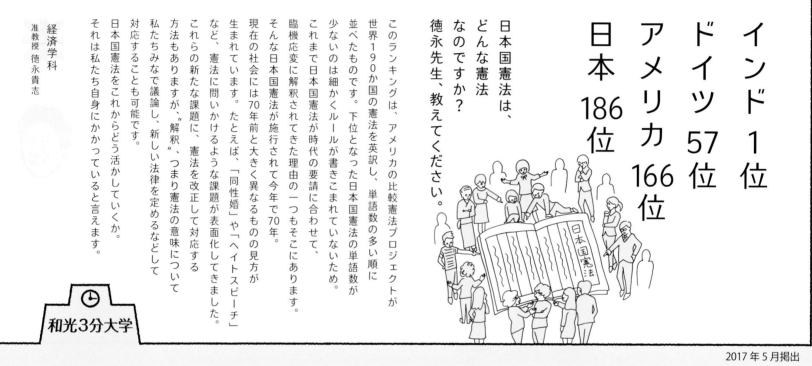

自分を守ってくれる人
何人、
思い浮かびますか。

傷ついた子どもの心、
どうすれば癒やせますか？
菅野先生、教えてください。

子どもをめぐる悲しいニュースが続いています。近年、児童相談所への児童虐待相談件数は10万件を超えました。言葉や暴力による虐待を受けている、トラウマを抱えている子どもは心が不安定で、自分を肯定できません。「ぼくなんていなくてもいい」という気持ちを払いのけてあげるのは、他でもなく大人です。子どもの心の回復には「内在化」がポイントになります。「内在化」とは心の中に「一緒にいてくれる、守ってもらえる」と思える人がいる状態です。一緒にゲームをして遊ぶ、他愛もない会話をする、ふたりでごろ寝する。そんな体験を積み重ねるうちに「この人は自分を気にしてくれている」と思い、その人を「内在化」できれば、心の安定、心の回復のきっかけになります。虐待に限らず、もしも身近に困っている子どもがいたら、一緒にいる時間を大切にしてください。子どもにとって、その体験は「がんばれ！」のひと言よりも強い応援になるはずですから。

心理教育学科
准教授　菅野　恵

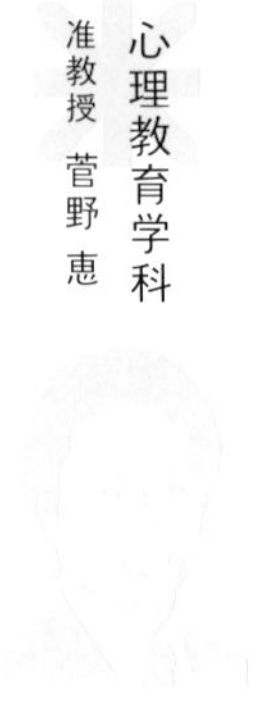

※現在、心理教育学科 教授

和光3分大学

2017年6月掲出

いつでもどこでもわたしたちは異変をまっている──。

文学や芸術の意義って、なんだろう？田村先生、教えてください。

あまりにも見慣れて感じられなくなってしまった日常を、新鮮な姿で出現させる。文学をはじめとする芸術の意義は、ここにあります。語るはずのない猫がしゃべりだす『吾輩は猫である』、お笑い芸人たちがはじける又吉直樹の『火花』などの文学作品でも、華麗な変身シーンで魅せる「魔法少女モノ」、僕と君のかかわりが世界の終焉へと波及する「セカイ系」、人類が影の人類と闘う『進撃の巨人』などのマンガやアニメ作品でも。みんなみんな、固定された日常をゆさぶり、わたしたちを次の一歩へといざないます。

そんな出会いを、文学・芸術論では、異変＝異化体験と呼ぶのです。政治や社会で不安な出来事がつづき、怪しげなニュースが注目を集める、ポスト・トゥルースの時代。わたしたちは、文学や芸術の鮮やかな異変で描き出される真実を求めているのかもしれません。

異変の入り口は、和光大学にあります。小田急線鶴川駅にはじまる和光ワンダーランドを、のぞいてみませんか？

総合文化学科
講師　田村景子

『吾輩は猫である』原作 夏目漱石／発行 新潮社
『火花』著作 又吉直樹／発行 文藝春秋
諫山創『進撃の巨人』／別冊少年マガジン連載／講談社

和光3分大学

※現在、総合文化学科 准教授

2017年9月掲出

人の気持ちは、英語より、はやく通じる。

グローバルに活躍するために、求められるものとは？小林先生、教えてください。

グローバル人材に求められるものはなんでしょう？ 深い教養か。リーダーシップやナントカ流の交渉術か。やっぱり英語でしょうか。いいえ、それだけではありません。私が研究する「ビジネス・コミュニケーション」の領域では、近年、〝カルチュラル・インテリジェンス〟という概念が注目されています。これは多様な文化を超えて問題解決をはかる気持ちと行動を表すもの。自分の意見を主張し、AかBかの選択を迫るのではなく、相手の文化的背景を慮り、それを乗り越えて、お互いに歩み寄れる答えを探し出す。そうして、ビジネスを前に進めていく。このコミュニケーションのあり方は、気配りや根回しを大切にする日本のスタイルに似ているのです。欧米流の合理性だけでなく、私たちが培ってきたような人の気持ちを思いやる姿勢をもつ。グローバル時代はそんなコミュニケーション能力のある人材を求めています。もしかしたら、私たちにとってはチャンスかもしれません。

経営学科
教授 小林猛久

和光3分大学

2017年12月掲出

お金を儲けるビジネスが、いちばん偉いですか。

ビジネスで、社会問題を解決できないか？
當間先生、教えてください。

最近まで、野菜価格の高騰が話題になっていましたね。日照不足や長雨などの影響を受けて、作物の収穫高が不安定になるなど、農業は不確定要素に左右される産業。消費者も大きな影響を受けます。もっと安定的に野菜を育て、供給する方法はないか。そんな発想から生まれ、注目を集めているのが、植物工場です。温度や光の管理ができる屋内環境ですから、天候に左右されません。

農薬の使用も抑えながら、安定的な収穫が望めます。

1次産業の2次産業化をめざした植物工場は、農業に工業のノウハウを導入するという発想の転換が生み出した、問題解決策と言えるでしょう。当たり前と思っていた固定観念を疑ってみる。少し視点をずらして見つめ直す。業界や世界の常識にとらわれずに思考する。そんな姿勢でビジネスをデザインし、少しでも社会を良くしていくことにこそ、経営学の価値があります。

もちろんお金も大切ですが、

それがビジネスのすべてではないのです。

経営学科
教授 當間政義

和光3分大学

2018年5月掲出

わたしの最大のヒット曲は、お母さんのはなうた。

子どもの成長と音楽の関係とは？後藤先生、教えてください。

長年、幼児教育の世界でさまざまな親子と接していて、何度も気づかされることがあります。

それは、子どもを膝の上に乗せて、あそびうたを歌ってあげることの大切さです。

子どもは大好きな人のにおいや体温を感じながら、自分の中に愛された記憶をつくっていくからです。

小学校に入学する、兄弟が生まれるなど、成長のタイミングで子どもは小さな不安を感じることがあります。

そのとき、小さな頃と同じように膝の上に乗せて遊んであげると、とても安心できるようです。

そしてその記憶は、大人になってからも、自分の支えになるはずです。

つまり、膝の上で聴いた大好きな人のはなうたは、いくつになっても心の中で響き続けるヒット曲なんです。

自分は音痴だからとか、そんなことは気にしないで、楽しんで歌ってください。

その音、その感触、その時間は今しか与えられない特別なものですから。

心理教育学科
准教授 後藤紀子

和光3分大学

2018年6月掲出

文学は、裏話でおもしろくなる。

文学をもっとたのしむ方法、宮崎先生、教えてください。

イギリスの作家、オスカー・ワイルドに「幸福の王子」という作品があります。街のシンボルであり、実は心を宿す王子像。彼は旅の途中で立ち寄ったつばめに頼み、自らの身体を覆う金箔や宝石を貧しい人々へ分け与えます。街の人々はそのみすぼらしくなった王子像を壊してしまう。皮肉とユーモアに満ちた、自己犠牲の物語として知られる作品です。ワイルドは時代のファッションリーダーのような人物であり、実は同性愛者でもありました。

当時のイギリスでは同性愛は重い犯罪です。たとえば、王子とつばめがキスを交わすシーンは、同性愛者としてのワイルドの感情を表現しているのではないか、と解釈することができます。このように時代や人物の背景、いわば裏話を知り、そこに自分なりの解釈を試みると、その作品の味わいはより濃くなり、興味の範囲も広がるはずです。ただストーリーを追うだけではない読み方、ぜひチャレンジしてみてください。

総合文化学科
教授　宮崎かすみ

和光3分大学

2018年9月掲出

保育にお金をかけるのは、未来に投資することだ。

保育から人が離れてしまう理由とは？坂井先生、教えてください。

待機児童、低賃金、そして人手不足。保育園は子どもを育てるという夢のある場なのに、多くの問題をかかえています。なぜ、こうなってしまったのか。

私は公立保育園を中心に調査を行いました。見えてきたのは保育士の困難感。保育士の業務は保護者や同僚との人間関係構築、行事の準備、一人ひとりの子どもの記録をつける事務作業と、多岐にわたります。そもそも、やることが多い上に、慢性的に人手不足で、個々人に負担がかかり続けてしまうのです。また昇進しても未来のキャリアが描きにくいという課題もありました。保育士が仕事を辞めずに気持ちよく働くには、余裕のある運営を実現する必要があります。そのためには、行政が人を大切にし、思い切った予算措置をとらなくてはなりません。保育や教育に投資することは、子どもに投資すること。子どもはこの国の未来です。今こそ、大きな視点から考える必要があると思います。

心理教育学科
准教授　坂井敬子

和光3分大学

2019年3月掲出

RPGは現代の英雄叙事詩である。

**私たちと大昔の物語は
つながっているのか？
坂井先生、
教えてください。**

金剛の剣を手にした勇者が悪と戦う。
ＲＰＧやアニメなど、さまざまな娯楽作品で
描かれているシーンです。
このような物語は、中央ユーラシアに
伝わる英雄叙事詩ととてもよく似ています。
たとえば、こんな構造の物語があります。
世界は天上界、地下世界、地上世界の３つに分かれ、
それぞれ、鳥、竜、人間が住んでいる。
天上界の鳥の巣を狙って、地下世界の竜が現れる。
特別な力をもったヒーローが特別な剣を手に竜と戦う。
あの有名なＲＰＧにそっくりですよね？
英雄叙事詩は主に騎馬民族が口頭で伝えてきましたが、
現在ではそのように口伝されてはいません。
しかしそのエッセンスはＲＰＧなどに姿形を変えて、
私たちに伝えられていると言ってもいいかもしれません。
こんなふうに今と結びつけて昔を見つめてみる。
そうすると今の見え方が少し変わり、
思考も深まっていく。歴史をたどって学ぶことの
意味はそこにあると思います。

総合文化学科
教授 坂井弘紀

和光3分大学

2019年5月掲出

会計を知っていると、お化けも怖くなくなる（はず）。

会計は、
僕らの未来に役立つ？
海老原先生、
教えてください。

会計というと、お金の計算ばかりしているものだと思っていませんか？
実は、それはちょっと違います。
会計は未来を予測するためのツール。
投資家が投資をするときも、
銀行がお金を貸すときも、
会計を使って相手の企業を分析していきます。
会計の知識は私たちの人生にも活かすことができます。
みなさんは、お金のことで悩んだり、
不安な気持ちになったりしたことはありませんか？
いつ、どこでお金が必要になるか分からない。
それはまるでお化け屋敷のようなものです。
もしも、どこでお化けが出るか分かっていたら
ちっとも怖くないはず。会計を知っていれば、
この「お化け」が出るポイントをはっきりと
見抜けるようになります。会計の知識は、みなさんを
不安な状態からしっかりと守ってくれるのです。
多くの人がお金のことに悩んでいる今だからこそ
会計に興味をもつ人がもっと
増えてほしいなと思っています。

経営学科
准教授 海老原 諭

※現在、経営学科 教授

和光3分大学

2019年6月掲出

夢中で仲間と踊っている時間。からだは教養を身につけている。

からだで学ぶって、どういうことですか？
大橋先生、教えてください。

教養科目の授業で舞台作品をつくる。プロを育成するためでも、教員養成のためでもありません。この授業でめざしているのは、学生たちにからだを通して得る感覚を知ってもらうことです。夢中になってからだを動かしているうちに、眠っていた身体意識は目を覚まします。私はこの感覚を〝からだがひらく〟と呼んでいます。知らないうちにまとっていた見えない鎧を脱ぎ捨てると、からだだけでなく、こころも変わります。本来の自分を知ると、他者の存在も見えてきて、互いを感じながら自然なかかわりが増えていきます。ケンカをしたり凹んだりすることもあるでしょう。しかし、その先にあるのは、共にあるもの同士にだけ見えてくる世界。踊りは今を生きるものです。上演が終われば、すぐに消えてなくなってしまう。しかし、はかなくも愛しいその経験はからだの中に残り、これからの日々を支えてくれるはず。それはからだで身につけた教養なのです。

人間科学科
教授　大橋さつき

和光3分大学

2019年9月掲出

babyは、「大切に」。そのこころは、英単語に埋め込まれている。

英語学ってどんな学問ですか？
阿部先生、
教えてください。

私たちは誰もが無意識のうちに、ことばを使っています。それはたとえて言うなら、クルマの中身のしくみは知らなくても、クルマを運転できているようなもの。英語学はこのしくみにあたる部分を研究する学問です。音韻、語彙、文法の現象など、私たちが見つめる対象は多岐にわたります。たとえば、品詞転換。名詞がそのままの形で動詞になることがあるんです。〝baby〟は「赤ちゃん」ですが、動詞になると「(ものを)大切に扱う」という意味になります。その他、〝fox〟は「騙す」、〝box〟は「箱に詰める」などの意味の動詞になります。ちなみに日本語の場合は「コピる」や「ドジる」のように「名詞＋る」で動詞化します。言語は何世代も受け継がれ、長い時間をかけて変化し、いまも変化の過程にあります。正しいかどうかよりもまず、その変化を見つめる。それは人の歴史を見つめることでもあります。それもまた英語学のおもしろさかもしれません。

総合文化学科
准教授　阿部明子

和光3分大学

2019年12月掲出

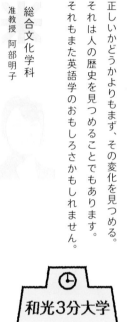

こどもたちの笑い声は、社会問題か？

公共政策って、何ですか？
稲田先生、教えてください。

そもそも、社会問題とは何でしょうか？

それは、同じ社会で暮らす人々が解決しなくてはならないと認識している問題。その解決をめざす対策が公共政策です。

たとえば、日本社会の少子化。

その要因には、働き方と子育て環境などが考えられます。

フルタイムで働きながら子育てするには保育園が必要です。

にもかかわらず待機児童は増えるばかり。

その解決のために保育園を増やす、
ひいては少子化対策につなげる。これが公共政策です。

公共政策の難しさは対策を講じればすむわけではないところ。

保育園をつくろうとしても、こどもの声は騒音だと住民が訴える事例も出てきました。

行政は、問題解決の優先順位を考え、住民と調整しながら、より効果の高い対策を実行する努力を続けるしかありません。

ところで、保育園の騒音問題についていえば、ほんとうの問題は、こどもの笑い声を不快に感じるような、社会の息苦しさにあるかもしれません。さて、どんな解決策があると、あなたは考えますか。

経済学科
准教授　稲田圭祐
※現在、経済学科 教授

和光3分大学

2020年3月掲出

その少年はずっと、見えない被害者だった。

司法犯罪心理学って、
どんな学問ですか？
熊上先生、
教えてください。

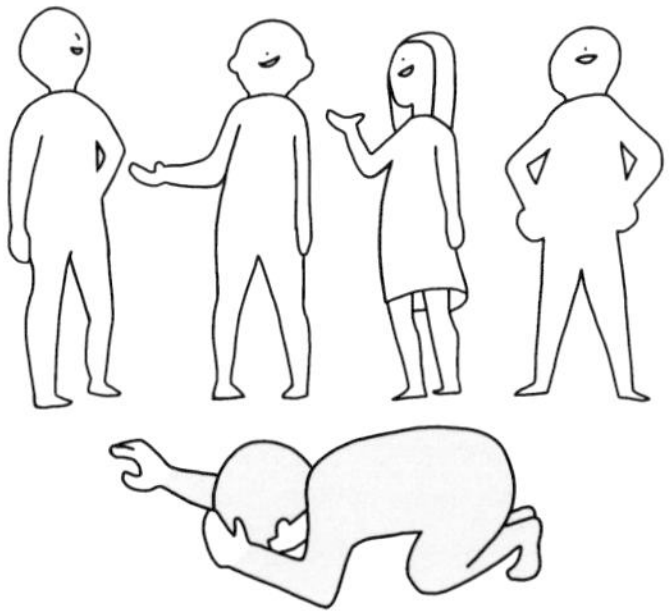

司法犯罪心理学は、
犯罪や事件の謎解きを
するものではありません。
意外かもしれませんが人が罪を犯すのは、さびしいとか、
お金がないとか、いらいらしていたとか、
びっくりするくらい単純な理由であることがほとんど。
むしろ、その背景に大きな問題があります。
少年非行の場合、家庭が貧困である、虐待を受けている、
学校でいじめに遭っている、発達障害を抱えている
といった事例が多い。そして、彼らには周りに
相談できる人がいないのです。
司法犯罪心理学はそんな悩みや困難を抱える人を、
教育や福祉、コミュニティなど、社会にどうつなぐかを考え、
加害予防を実践する学問でありたいと思っています。
謎解きではなく、ソーシャルワークといっても
いいかもしれません。加害者を減らせば、
間違いなく被害者は減ります。
私は司法犯罪心理学の研究と実践を通じ、
誰もが助けを求めることのできる社会や
コミュニティをつくっていきたいと考えています。

心理教育学科
教授 熊上 崇

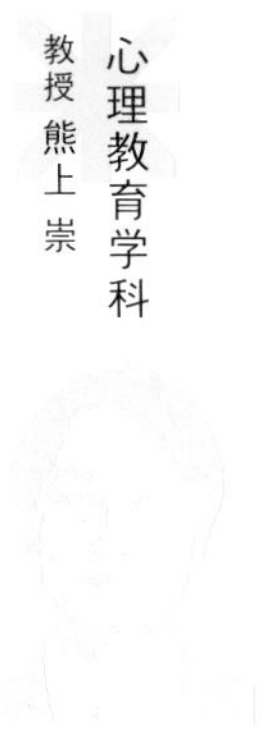

和光3分大学

2020年5月掲出

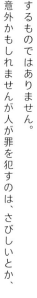

アートって、後から効いてくる。

私たちにとって、
アートってなんなのか？
大坪先生、教えてください。

「光と影の写真家」と呼ばれるヨゼフ・スデック。
彼の祖国チェコ共和国※は
長く共産主義体制で、芸術家は目立った活動をすれば
秘密警察に捕まる世の中でした。
スデックはこの状況を逆手にとった。
彼はアパートメントの中庭にあるアトリエに14年間こもり、
窓から差し込む光で静物を撮り続けました。
彼が中庭にこもった時間は、その時代のチェコを象徴して
いるといってもいいでしょう。
スデックは21世紀の今でもチェコ人の心を表す作家と
評価されています。写真をはじめ、アートは必ずしも
社会にとって即効性のあるものではありません。
むしろ長い時間をかけて意味をもち、
人の心の支えのようなものになっていくのです。
人はアート作品を通じ、いったん現在から離れて、
遠い過去や見えない未来を想像する。
そうして自分の考え方や生き方を見つめ直している
のかもしれません。だから私たち人類は
アートをつくり続けるのでしょう。

※当時は、チェコスロバキア社会主義共和国（1948〜1989）

芸術学科
准教授 大坪 晶

和光3分大学

2020年7月掲出

会議で冗談が減った。
授業で雑談がなくなった。
うれしいような、
さみしいような。

ウィズコロナのいま、
本当に大切なものは何でしょうか。
杉本先生、教えてください。

この「3分大学」は7月に準備をしています。
ロックダウンはまぬがれたものの、第二波の不安のなか、
なつかしく思うのは「不要不急」もありだった日々。
日常生活は大きく変わり、私たちはＩＴに頼りました。
まったく新しいオンライン生活で見えてきたこと、それは、
けっして飽和せず、高速大容量、無限の宇宙空間にも
なぞらえられたインターネットにも限界があったこと。
いままでとは違い、コンパクトなコミュニケーションが
私たちに求められるようになりました。
ただ、オンラインのやりとりはどうしてもあっさりしがち。
真剣な議論には冗談も欲しい。授業には雑談があってもいい。
たぶん、そんなゆとりが人間関係を滑らかにしていたはず。
ちょうどこの「3分大学」がお披露目されるとき、
不安なく、豊かなコミュニケーションができていれば、
ありがたいかぎりです。
いままでの、そしてこれからの大切なもの、
ともに大事にしていきたいと思います。

経営学科
准教授　杉本昌昭

※現在、経営学科 教授

和光3分大学

2020年9月掲出

「善意」とは どうやら社会の免疫の ようなものらしい。

人の「善意」は社会に何をもたらすのでしょうか？ 教えてください、小野先生。

例えば、からだにケガをしたらカサブタをつくって血を止め、体内に病原菌やウイルスが侵入したら退治するように、ボランティアとは社会の困り事やほころびを食い止める血小板や免疫細胞のような存在だと考えています。それは、脳や筋肉がからだを動かすように、世の中を大きく動かすものではないかもしれません。けれど、社会全体が健康でいるためには欠かせないものなのです。人や地域に問題が見つかったとき、『これはほうっておくとまずいぞ』と感じて駆けつける。そんな世の中の血小板や免疫細胞的な人が、ときに個人で、ときには組織をつくって、ボランティアを行っている。私自身は最近そんなふうにボランティアを理解しています。「偽善」と揶揄するむきもあるけれど、「善意」というセンサーで異常をキャッチし、誰よりも先に手を差し伸べる人がいて、それにはちゃんと意味があるということを知ってもらいたいと思っています。

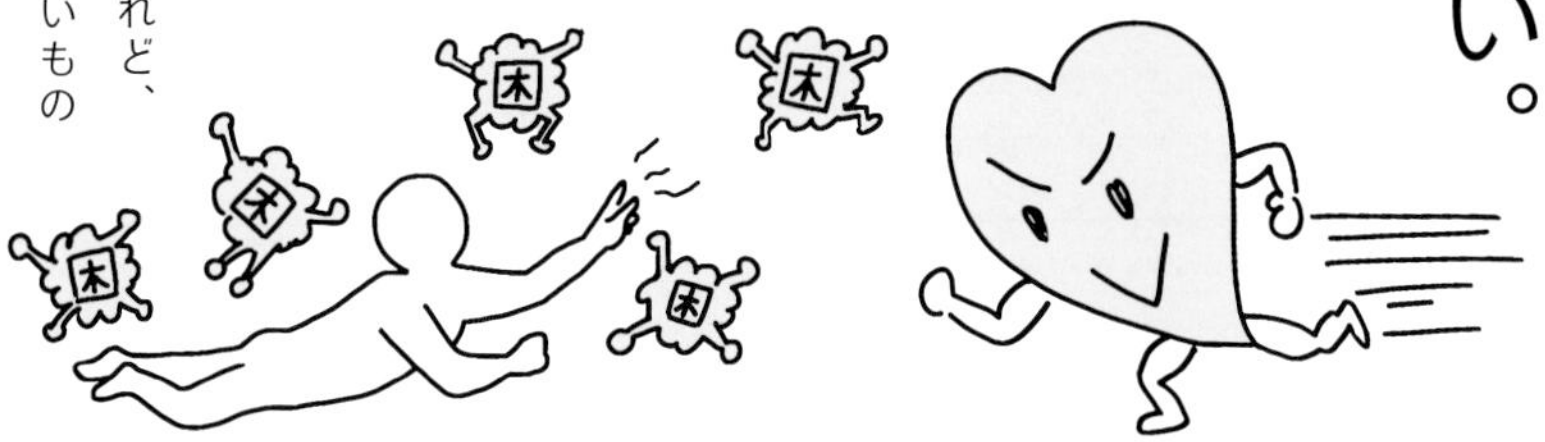

人間科学科
准教授　小野奈々

和光3分大学

2020年12月掲出

江戸時代の俳人って、現代のミュージシャンかも。

江戸時代の俳句ってどういうものだったんですか？稲葉先生、教えてください。

江戸時代の有名な俳人といえば、松尾芭蕉。学校の授業では、芭蕉の閑寂な句の世界観や、わび・さびなど、高尚なイメージだけ語られて終わってしまうと思います。確かに芭蕉は自分の作風として、閑寂な句をつくっていましたが、実際は「時代の最先端行こうぜ！」という先駆的《アバンギャルド》な人でした。「新しみは俳諧の花也」。俳諧の本質は斬新さにあると言われます。芭蕉の句は、当時の最新ヒットチャートを賑わせ、江戸時代の人は、新しい流行が出てきた！と飛びついていたわけです。そんな芭蕉の一番弟子、宝井《たからい》其角《きかく》。現代ではあまり知られていませんが、華やかな江戸を拠点とする気鋭の俳人として、芭蕉以上に有名でした。言葉遊びや、技巧的な句を持ち味としており、現代でいうとライブを盛り上げるラッパーのような人。表現の方向性は違っても二人はお互いを認め合い、「連句」といういわゆる言葉のジャムセッションでもコラボをしています。現代社会では新しい「もの」や「こと」が大事とされていますが、文明は進化しても、その人の持つセンスはその人独自のもの。この時代の人たちのユニークな視点や作品に目を向けてみると、現代でも楽しめる、面白い発見があると思います。

総合文化学科
准教授　稲葉有祐

和光3分大学

2021年5月掲出

先行き不安な今、経済学というワクチン接種を。

コロナ禍の時代、私たちにできることは？坪井先生、教えてください。

経済学は、人を幸せにするための学問です。
例えば、物価が安定していない状況を考えてみましょう。
近所のコンビニに行って、今日は１００円だったおにぎりが、
明日は３００円、明後日は５０円となってしまうと、
私たちは安心して暮らせません。
また、新型コロナウイルスの流行で
今まで気にもしていなかった「マスクが手に入ること」すら、
感染からお互いを守るために必要な「幸せの条件」の
ひとつになりました。これらの例のように、
普段当たり前だと気にしていないことの多くは、
実は経済の働きに支えられた「幸せの条件」なのです。
先行き不安な今、「経済学」というワクチンを接種することで、
普段の日常に隠れた「幸せの条件」に
気づきやすくなるとともに、人を幸せにしたい、
世の中をよくしたいと思えるようになるかもしれません。
そしてこの状況を少しでも変えたいと
行動する人が増えていけば、少しずつ、
希望の光が見えてくるのではないでしょうか。

経済学科
講師 坪井 美都紀
※現在、経済学科 准教授

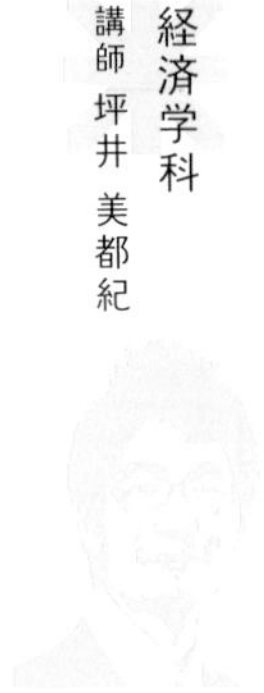

和光3分大学

2021年7月掲出

大人は
わかってくれないって、
自分も子どもの頃、
思ってたような。

「子ども理解」って、何でしょう？富樫先生、教えてください。

例えば、とある小学校で1時間目の授業中、寝ている子どもがいたとします。その理由は「ゲームに夢中で夜更かしをした」「家族の帰りが遅かった」など色々あると思います。寝ているという事実だけで判断し、それをそのまま評価すると、注意したり、怒ったりする方に向かいがちです。でも怒った瞬間、その子が寝ていたことが「ダメ」ということになります。そうすると子どもも「寝てしまった理由があるのに、この大人はわかってくれない」と心を閉ざしてしまうかもしれません。なのでその行動をいったん受けとめ、なぜそうなったのかを観察したり、話を聞くことが大切です。ただ常に子どもを「受けとめなければ」と一人だけで思うのはしんどいので、親や学校や地域など、複数の目で子どもを見て、思いを共有し合えるといいと思います。子どもは親の前や学校でなど、見せる姿がそれぞれ異なります（大人もですが）。相手が変われば、子どもの発言も様子も変わっていくので「この子はこう」と決め付けずに「自分の前ではこの子はこうなんだな」くらいに留めておく程度の距離感でいるのがいいのかもしれません。これ、大人同士の世界でも応用できそうですよね。

心理教育学科
講師　富樫　千紘

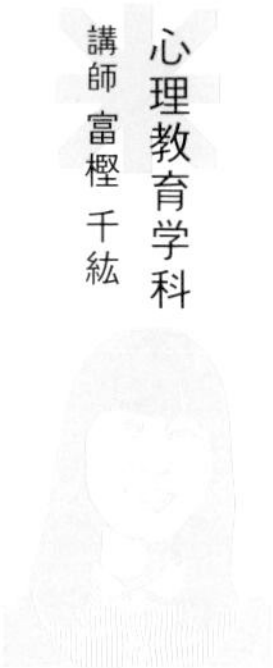

和光3分大学

2021年9月掲出

人々は、不思議なキャラクターたちに願いをこめて生きてきた。

キャラクターは、人の心にどう寄り添ってきたのでしょうか?畑中先生、教えてください。

あなたの周りに、こんな「キャラクター」はいませんか?
厄除けや疫病封じで知られる「赤べこ」や「アマビエ」、
神社の絵馬、狛犬、招き猫、干支の置き物など、
人々の祈りの場には、様々な生物のシンボルがありました。
麒麟やペガサスのような、すぐれた動物たちの
「いいとこどり」をしたキャラクターも神話・伝説に登場し、
縁起のよいシンボルとして商品などに用いられています。
元々、古今東西の美術工芸品に描かれた動植物の多くには、
人々の不安を払拭し、大切な人の開運や健康を願う
おまじないとしての意味がこめられていました。
例えば、麻の葉模様の産着で、赤ちゃんの健康を願ったり、
こいのぼりをあげて、子どもたちの成長と活躍を祈ったり、
「勝ち虫」と呼ばれるトンボのお守りで、
受験生が合格祈願をしたり、お祭りの神輿に、
不老長寿の意味を持つ鳳凰をあしらったりなど、
こうした文化は脈々と受け継がれ、企業のイメージアップや
映像などのエンタテインメント産業にも貢献しています。
さて、新しい生活様式が求められる今、
どんなキャラクターにどんな願いを込めましょうか?

芸術学科
准教授 畑中 朋子
※現在、芸術学科 教授

和光3分大学

2021年12月掲出

データという素材で、最高の料理を競う時代がやってきた。

データサイエンスって私たちの日常に関係ありますか？岩見先生、教えてください。

難しいと思われがちなデータサイエンスは、実は身近に存在します。例えば、会社で何か大きな決断をする時、上司に「俺の経験や勘に基づいてこうすべきだ！」と言われて納得できるでしょうか？ そんな時は、客観的なデータやエビデンス（根拠）に沿って話し合い、意思決定していくのが一番合理的です。ビジネスに限らず、家族にお願い事をする時にも効果的かもしれません。

今の時代、技術の発展で精度の高いデータを集めることは比較的簡単にできますが、その情報をいかに分析し、活用できるかが求められています。

料理に例えてみると、じゃがいも、玉ねぎ、お肉というデータを集めて、肉じゃがを作るか、カレーを作るか、もしくはすでにカレーになったデータを入手して、カツカレーにアレンジするか。いい素材（データ）はすでにあるので、そこから個人がどう美味しく、面白い料理を作るのか勝負する時代が来ています。

例えば、家計簿、体重管理のツールなど、身の回りにあるデータから興味を持ってみると、面白いアイデアが生まれてきそうです。

経営学科
講師　岩見　昌邦

和光3分大学

2022年5月掲出

どんな人も紐解くと、思いがけない人生を生きている。

人を細部から知ると何が見えてくる？打越先生、教えてください。

私は、沖縄の暴走族やヤンキーたちのパシリとして一緒に働き、飲み明かしながら、行動を共にする「参与観察」という方法で彼らのことを調べる社会学者です。その中で、キャバクラで働くシングルマザーたちに話を聞く機会を得ました※。

彼女たちに「なぜこの仕事をしているのですか」と聞くのは調査のプロとして芸がないので、生活を見て理解を試みます。彼女たちは朝、子どもを学校や保育園などへ送った後に仮眠を取り、家事をして、午後から夕食の準備を始めます。子どもの帰宅を迎えて一緒に夕食を取り、お風呂に入って寝かしつけてから出勤します。

日中の仕事のように子どもが学校に行く前に出勤することや、子どもの帰宅前に帰れず、留守番させることはありません。またキャバクラなら休みの融通もきき、週末の学校行事にも参加できます。このように、彼女たちは子どもを中心に生活を作りあげています。そのことを知ると、キャバクラで働く理由が自ずと見えてきます。

最近はやたらと評論家や経営者のような視点で人を理解しがちです。しかし、生活の背景を見て人を理解することも、重要かつ魅力的な方法なのです。

人間科学科
講師 打越 正行

※調査は、上間陽子さん（琉球大学）と共同で実施しました。

和光3分大学

2022年7月掲出

お笑い第8世代は、どこへ向かう？

お笑いの研究から、笑いの未来は見えますか？角尾先生、教えてください。

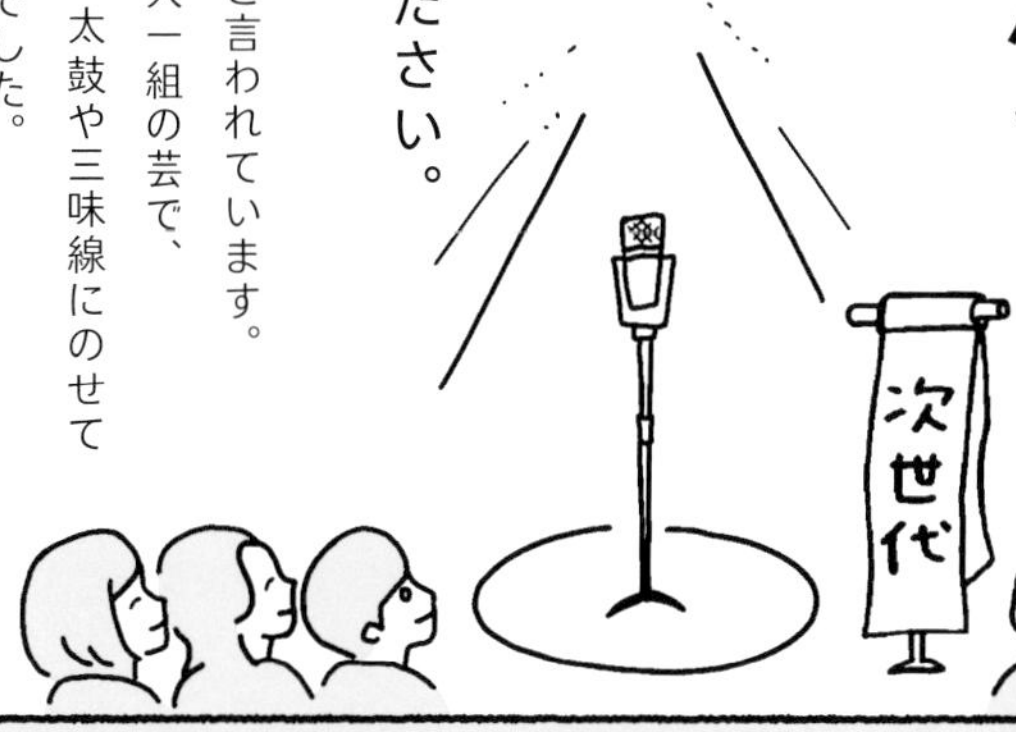

「漫才」のルーツは平安時代と言われています。「萬歳《まんざい》」という字をあてた二人一組の芸で、お正月などに各家を訪問し、太鼓や三味線にのせて祝言を述べる「門付芸」が主でした。面白くて笑うというよりは、お祝いの場をみんなで共有して、朗らかにほほ笑み合うものです。それがボケとツッコミによるおしゃべり中心の「漫才」に変化したのは大正から昭和にかけて。おかしい対象を決めて、嘲笑して楽しむ芸として生まれ変わります。バナナの皮で滑るなど、柔軟に対応できない人を笑い者にし、笑う側が優位に立ってそこからボケを叩いたり、侮辱するような笑いも生まれました。時代が変わり最近は、こうした痛みを伴う笑いは疑問視されるようになり、人を傷つけないお笑いや、ツッコミが自滅するコントなど、さまざまな工夫がされています。TVなどでも暴力表現やいじめにつながる内容はカットされますが、ただ排除しても人の心の中の暴力性が消えるわけではありません。今後は、笑いを通してしか触れられない心の奥のダークな部分を暴くことで、自分を見つめ直せるようなお笑いが出てくるといいなと思っています。

総合文化学科
講師 角尾 宣信

和光3分大学

2022年9月掲出

0歳児の親も0歳。子育てって大人も育つことなんだ。

子育てには、どう向き合えばいい？韓《はん》先生、教えてください。

子育てにおいて、親もまわりの大人も初めから完璧な人間はいません。親だから、大人だから、ちゃんとやってあげなきゃと構える方も多いですが、0歳児の親は、同じく親としては0歳。親が求める完璧な子どもはなかなかいないように、完璧な親や大人だっていないはずです。イヤイヤ期や思春期を迎えた子どもとの向き合い方に悩む親も多いと思いますが、親もその時は子育てにおけるイヤイヤ期や思春期。その時の状況に応じて子どもとの関わり方を考え、試行錯誤しながら育てていく。子どもとともに、親やまわりの大人たちも段々と育つ過程が、本当の意味での子育てだと思います。

また、子どもの育つ権利はもちろん、親の権利も大切にしてほしいです。例えば0歳の頃は家で子どもを見て、育休が終わる1歳頃から保育園などに預ける人が多かったとしても、仕事が好きであれば職場にすぐ復帰するなど、親自身が一番快適で幸せな生き方を選んでいけると良いと思います。親が人生を楽しみながらする子育ては、子どもへの優しさにもつながっていくはずです。

心理教育学科
講師 韓 仁愛

和光3分大学

2023年5月掲出

「全米が泣いた」に騙されていませんか？

映画との付き合い方ってありますか？名嘉山先生、教えてください。

アメリカ映画は、19世紀末にエジソンらが開発した「キネトスコープ」という箱型の映写機に映し出される映像を、覗き込んで観るのがはじまりでした。上映時間も1分未満で、ボクシングをする人や、日常の風景をただ撮った作品でしたが、英語がわからない移民の労働者層を中心に支持を集めました。その後、街に投影型の映画館ができ、音声も付き、映画のジャンルも分かれていきます。１９５０年代にテレビが普及すると映画がピンチに。映画館をワイドスクリーンにしたり、暴力や性描写など、テレビでは流せない過激な内容を加えたりすることで巻き返しを図りました。

このように映画は時代に合わせて変化してきましたが、第二次世界大戦中は、相手国を悪い敵に仕立てて戦意を高めさせるようなプロパガンダ映画も多く作られました。

現代はネットの普及で映画も動画もより身近になりましたが、作品がどんな意図で作られたのか考えながら観るようにしないと、素晴らしい映像や音楽、ストーリーの世界に引き込まれ、プロパガンダ映画のように騙されてしまうかもしれません。

一歩引いた目線で楽しむといいと思います。

総合文化学科
准教授 名嘉山 リサ

和光3分大学

2023年7月掲出

ビジネスのチャンスは、今アジアに転がっているかも。

日本企業とアジアの企業の違いって? 鈴木先生、教えてください。

今、海外進出をする企業が増えていますが、特にアジア諸国への進出は約7割と言われています。ビジネスチャンスもたくさんあり、例えば、日本の回転寿司や温水洗浄便座が注目されるなど、海外でまだ普及していない製品やサービスの中に多くの可能性があります。

今も終身雇用の文化が根強い日本と違い、他のアジアの企業は、どの職務ができるかが重要視される〝ジョブ型雇用〟が一般的です。そのため会社に対する愛着や忠誠心はほぼなく、他にいい条件の仕事があるとすぐに転職してしまうので、現地で優秀な人材の確保が難しい面もあります。アジアに進出した日本企業は、今後、現地とより融合していくのではないかと思います。海外進出をしても、企業のトップ層は日本人のままなのが一般的ですが、現地の人も昇進させていくことで、現地により受け入れられやすい製品やサービスが生まれるからです。

ある日、突然自分の会社が海外進出して、海外で働くことになる可能性は今、珍しくありません。普段から海外企業の特徴や、働き方の違いに目を向けておくだけでも、いざという時の備えになると思います。

経営学科
教授 鈴木 岩行

和光3分大学

2023年9月掲出

「彼女いる？」より「好きな人いる？」と聞かれるとうれしい。

LGBTQ＋のこころを理解するとは？小松先生、教えてください。

今あなたが乗っている電車の車両に、LGBTQ＋の人は何人いると思いますか？

1車両に150人いたら、3※〜15人はいると言われます。セクシャリティ（性）は目に見えません。見えないからこそ、まわりに理解されずにひとりで悩んだり、孤立する人も少なくないのです。

恋愛話をする時に「彼女いるの？」と聞くなど、恋人は異性なのが当たり前だと思っていませんか？その人の見た目が男性だから、無意識に「○○君」と呼んでいませんか？ これは多くの人が「異性愛」と「こころと身体の性の一致」を前提として世界をとらえているからです。一見些細なことのようですが、LGBTQ＋の人にとっては、ストレスになります。

「私は私である」ということや「ありのままの自分」が他者に「認められる」ことは、誰もが求めることです。家族や友人、恋人、同僚など、さまざまな人に認められる経験は、生きるための支えになります。

多様なこころのあり方を理解し、自分の存在が認められる喜びを、誰もが十分に経験できる世の中になるといいなと思います。

心理教育学科
准教授 小松 賢亮

※日本のLGBTQ＋の割合は1.8〜10％（複数の調査報告を元に換算）

和光3分大学

2023年12月掲出

あとがき

「異質力で、輝く。」

これは和光大学の、教育方針を表す言葉です。
さまざまな背景を持つ人々、感性の異なる人々、
いろいろな考えの人々が集い、自由に発言し、自由に行動することで、
お互いに刺激し合って成長してほしいという思いを込めたものです。
本書は、和光大学に集った教員が、
そういった環境でどのような研究をしているのか、
そのエッセンスを集めたものです。
和光大学には6つの学科（心理教育学科、人間科学科、総合文化学科、
芸術学科、経済学科、経営学科）がありますが、
いずれの学科も「総合的に学ぶ」ということを大事にしています。
学生は学科の垣根を超えて、ほとんどの授業を自由に受けることが可能です。
学問体系に縛られず、自分の興味を深く掘り下げることで
学問の奥にある真理に近づき、さまざまなジャンルの学問に触れることで、
視野を大きく広げることができます。
私たちはこの仕組みを「講義バイキング」と呼んでいますが、
これを支えるのが、本書に登場するユニークな発想を持った教員たちです。

日本では人口減少が急速に進んでいます。
これはどの先進国も経験したことのない未曾有の事態です。
社会が大きく変容していく中にあって、
人々には柔軟に対応する力がさらに求められるようになるでしょう。
和光大学の学生には、ぜひともそうした力を身につけてほしいと願っています。

最後に、本書をお読みになって和光大学に興味を持たれた方は、
キャンパスにぜひ足を運んでみてください。
多様性を持った教員や活き活きと学ぶ学生の姿を目にすることができるはずです。

和光大学　学長

プロデュース／株式会社進研アド

シリーズ企画／ AZ,INC.・田村卓也（alamp LLC）

アートディレクション・デザイン／田中基康（AZ,INC.）

イラストレーション／角田聡会

コピー／田村卓也（alamp LLC） ～ 2020 年 9 月／ P6 ～ 43
／玉熊文乃（AZ,INC.） 2021 年 5 月～／ P45 ～ 55
／山口としなり（山口としなりコピーライター事務所） 2020 年 12 月／ P44

プロデューサー／加納光（AZ,INC.）

AZ,INC. https://azinc.co.jp/
山口としなりコピーライター事務所 https://www.shunzey.com/

※本書に掲載されている以外のすべての和光３分大学は、和光大学公式 HP でご覧いただけます。

※教員の職位表記は発行日現在のものです。

和光３分大学 ～学ぶおもしろさが見つかる 50 のお話～

2024 年 2 月 26 日　初版第1刷発行

編　者　和光 3 分大学制作委員会

発行者　柴山 斐呂子

発行所　理工図書株式会社

〒102-0082 東京都千代田区一番町 27-2
電話 03（3230）0221（代表）
FAX 03（3262）8247
振替口座 00180-3-36087 番
http://www.rikohtosho.co.jp
お問合せ info@rikohtosho.co.jp

 2024 Printed in Japan ISBN978-4-8446-0949-0

印刷・製本　株式会社平河工業社